Tabloul de bord echilibrat este inspirat de tabelele de marcaj folosite la meciurile de baseball şi baschet. Atunci când este aplicat, acesta produce rezultate în funcţie de diferite combinaţii de variabile. Pentru a evalua acurateţea tabloului de bord este necesară şi o analiză retrospectivă globală.

TEORIA DIN SPATELE CONCEPTULUI

La începutul anilor '80, societatea noastră s-a bazat pe informație în locul industriei. Din acel moment, întreprinderile au trebuit să se plaseze pe o piață care devenea din ce în ce mai globalizată și în care satisfacția clienților reprezenta un avantaj competitiv uriaș. Acest lucru a schimbat complet modul în care erau conduse întreprinderile.

Prin urmare, a devenit dificil să ne bazăm pe un sistem de management bazat doar pe măsuri financiare și economice de evaluare. Cadrele bugetare utilizate anterior nu erau suficiente, deoarece erau ignorate foarte multe perspective: obiectivele comerciale, obiectivele de producție și resursele umane.

Kaplan și Norton au propus un instrument de management automat care combină toate perspectivele esențiale. Fiecare dintre aceste perspective are propriile obiective și indicatori de performanță. Acești indicatori evidențiază punctele critice în care întreprinderile trebuie să intervină pentru a anticipa declinul. BSC a creat o stabilitate care a permis integrarea și echilibrarea acestor diferiți indicatori.

În publicația lor *The Balanced Scorecard* (1998), cei doi economiști leagă abordarea BSC de sistemul de control al zborului. În exemplul lor, ei menționează un scenariu

TABLOUL DE BORDECHILIBRAT

Transformați-vă datele într-o foaie de parcurs către succes

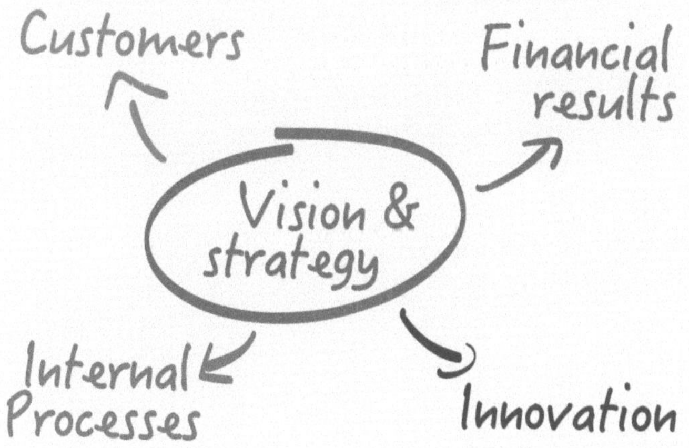

TABLOUL DE BORDECHILIBRAT

Transformați-vă datele într-o foaie de parcurs către succes

scris de Alice Sanna
tradus de Alina Dobre

TABLOUL DE BORD ECHILIBRAT

INFORMAȚII CHEIE

- **Denumire**: Balanced Scorecard (BSC)

- **Utilizare**: Balanced Scorecard face legătura între obiectivele pe termen lung ale unei organizații și activitățile sale zilnice. Este un instrument de gândire strategică care poate fi adaptat pentru a se potrivi cu abordarea generală a organizației.

- **De ce are succes?** Tabloul de bord echilibrat oferă managerilor, angajaților și acționarilor o viziune cuprinzătoare asupra companiei, bazată pe aspecte financiare și nefinanciare. Balanced Scorecard clarifică obiectivele pe termen scurt și lung și strategiile companiei. De asemenea, asigură coerența între activitățile zilnice și viziunea generală a companiei.

- **Cuvinte-cheie:**

  - Indicator: informație calitativă sau cantitativă care explică variația unei variabile (economice, financiare etc.) pentru o anumită perioadă de timp.

    - Un indicator de mijloace calculează resursele care au fost sau vor fi necesare pentru a atinge un obiectiv.

    - Un indicator de performanță măsoară performanța societății.

- Performanță: capacitatea întreprinderii de a-și atinge obiectivele utilizând resurse adecvate la costuri mai mici.

- Variabil: un element care poate lua valori diferite în funcție de grupul/mediul în care evoluează.

INTRODUCERE

Istoric și context

Înainte de anii 1990, întreprinderile aveau deja acces la cadrele bugetare și financiare. Cu toate acestea, acestea erau adesea elaborate de societăți comerciale și companii industriale, se bazau adesea pe informații vechi, statice și nu țineau cont de indicatorii operaționali, de clienți sau de oameni. David P. Norton (născut în 1941), co-fondator al societății de strategie IT Nolan, Norton & Company, și Robert S. Kaplan (născut în 1940), profesor la Harvard Business School, au dezvoltat Balanced Scorecard (BSC) pentru a rezolva această problemă. Acest instrument combină strategia și managementul și a fost creat oficial în 1992, prin articolul publicat în Harvard Business Review de cei doi economiști americani, "The Balanced Scorecard: Măsuri care determină performanța'.

BSC este un rezumat al concluziilor trase în urma unui studiu (care a durat 12 luni și a fost realizat în multe companii diferite) care se concentrează asupra resurselor de care dispun managerii pentru a evalua performanța viitoare a întreprinderilor lor. Proiectul lui Norton şi Kaplan a fost creat ca urmare a diferenţelor evidente dintre metodele tradiţionale de măsurare a performanţei (bazate doar pe indicatori financiari) şi nevoile întreprinderilor moderne.

Definirea modelului

BSC este un tablou de bord care oferă o imagine cuprinzătoare a obiectivelor pe termen scurt şi lung şi a strategiilor unei întreprinderi, pornind de la o serie de indicatori de performanţă. Aceşti indicatori evaluează şi măsoară proiectele şi obiectivele companiei. Cel mai inovator element al acestui instrument de management constă în analiza sa, care se bazează pe patru domenii cheie:

- **Perspectiva financiară**. Care sunt aşteptările acţionarilor companiei?

- **Perspectiva oamenilor,** inclusiv a clienţilor, partenerilor şi acţionarilor. Pentru a-şi atinge obiectivele, cum trebuie să fie percepută întreprinderea?

- **Procesele interne de afaceri**. Ce procese de afaceri trebuie puse în aplicare pentru ca afacerea să aibă succes?

- **Învăţare, creştere şi inovare**. Cum îşi poate susţine compania capacitatea de schimbare şi inovare?

dezastruos: în timp ce pilotează un avion, pilotul se concentrează doar pe viteza vântului şi neglijează nivelul de combustibil şi altitudinea aeronavei. Pilotul îşi justifică zborul explicând că nu se poate concentra asupra tuturor lucrurilor în acelaşi timp, dar acest lucru nu linişteşte niciunul dintre pasageri.

Acelaşi lucru este valabil şi pentru companii: acestea nu pot neglija unele variabile ale managementului lor dacă doresc să determine şi să controleze conjectura generală a organizaţiei lor. Este vital, ca şi în cazul unui avion, să dispună de mai multe instrumente pentru a identifica în mod clar obiectivul şi modul de realizare a acestuia.

Metoda BSC este mai mult decât un simplu instrument de măsurare a performanţei. Cel mai dinamic aspect al BSC este includerea a patru domenii cheie de analiză şi relaţia dintre viziunea prezentă şi cea viitoare a companiei. Toate perspectivele sunt legate de relaţia dintre cauză şi efect, numită uneori "lanţul de cauzalitate", care identifică rezultatele finale şi explică diferenţele dintre rezultatele reale şi obiectivele iniţiale. Balanced Scorecard este utilizat ca sistem de management strategic pe termen lung.

Creatorii acestui sistem identifică patru domenii de performanţă interdependente care, în opinia lor, au un impact asupra performanţei unei întreprinderi:

- **Perspectiva economică.** Cum este percepută de părţile interesate?

- **Perspectiva clientului**. Sunt clienţii mulţumiţi?

- **Procesele interne de afaceri**. În ce domeniu excelează pe plan intern? Care sunt punctele sale forte? Ce procese de afaceri trebuie puse în aplicare pentru a atinge ambiţiile companiei?

- **Învăţare, creştere şi inovare**. Ce a pus în aplicare întreprinderea pentru a-şi sprijini şi dezvolta capacitatea de adaptare, inovare şi creştere?

Fiecare perspectivă implică indicatori de:

- metoda de calculare a resurselor necesare pentru atingerea obiectivului;

- rezultatele care evaluează performanţele companiei în sine.

PERSPECTIVA FINANCIARĂ

Această perspectivă se bazează pe ipoteza că obiectivul pe termen lung al unei întreprinderi este întotdeauna acela de a maximiza randamentul acţionarilor săi. Pentru ca acest lucru să se întâmple, întreprinderea ar trebui să utilizeze diferite strategii care vizează creşterea veniturilor şi productivitatea.

De cele mai multe ori, obiectivele financiare includ:

- creşterea veniturilor (flux de numerar, lichidităţi generate de activităţile comerciale, cifra de afaceri etc.)

- productivitate şi marje îmbunătăţite

- reduceri de costuri

- utilizarea eficientă a activelor

- gestionarea optimizată a riscurilor etc.

Desigur, obiectivele financiare ale întreprinderilor variază considerabil în funcție de stadiul de dezvoltare (creștere, dezvoltare și maturitate) și de obiectivele strategice ale acestora (creșterea veniturilor și a cotelor de piață ale produsului, reducerea costurilor și/sau creșterea productivității, o mai bună utilizare a activelor întreprinderii și o mai bună rentabilitate a investițiilor).

PERSPECTIVA CLIENTULUI

Această perspectivă oferă managerilor o viziune cuprinzătoare asupra diferitelor activități de afaceri și asupra segmentelor de consumatori și parteneri specifice fiecărei activități. Aceștia pot măsura aprecierea produselor de către clienți și eficiența procedurilor comerciale care urmăresc satisfacerea nevoilor acestora.

Întreprinderea își adaptează strategia și ia măsurile pe care le consideră necesare pentru a deveni compania "top-of-mind" (liderul pieței în opinia consumatorului-țintă): se concentrează atât pe preț și calitate, cât și pe produs sau serviciu.

Indicatorii comuni de rezultate și mijloace sunt:

- cote de piață

- loialitatea clienților

- numărul de clienți noi

- nivelul de satisfacție a clienților

- rentabilitatea segmentului

- câștigurile clienților

- numărul de plângeri etc.

În mod ideal, întreprinderea ar trebui să își definească indicatorii de performanță și obiectivele în fiecare dintre domeniile în care își desfășoară activitatea. Cu toate acestea, majoritatea acestor indicatori sunt indicatori post-hoc (definiți ulterior). Pentru a remedia acest lucru, managerii trebuie să se concentreze, de asemenea, pe crearea unei propuneri unice de valoare care depinde de trei variabile:

- atributele unui produs sau serviciu

- relația cu clientul

- imaginea și reputația întreprinderii.

Pe această bază, managerii ar trebui să urmărească întotdeauna să dezvolte o propunere de valoare superioară pentru clienții săi țintă.

PROCESE INTERNE DE AFACERI

Această perspectivă îi oferă managerului o imagine de ansamblu a funcționării interne a întreprinderii. Aceasta identifică procesele interne care generează satisfacția clienților (direct sau indirect) și competențele și domeniile cheie în care excelează întreprinderea.

Fiecare activitate corespunde unui lanț valoric prin care valoarea este creată și livrată clientului. Luarea în considerare a proceselor de afaceri asigură faptul că managerul le organizează în mod coerent, în raport cu obiectivele de afaceri și cu așteptările clienților.

În majoritatea întreprinderilor, lanțul valoric este alcătuit din:

- **procesele operaționale,** care se concentrează pe eficacitatea proceselor actuale (eficiență, timp, costuri etc.);

- **procesele de inovare,** care au un impact semnificativ asupra capacității de inovare a organizației: acestea se concentrează asupra nevoilor viitoare ale clienților și asupra modului de a crea propuneri de valoare unice;

- **procesele de livrare și distribuție,** care se concentrează pe modul în care consumatorii intră în contact cu întreprinderea, asigurându-se că experiența lor este cât mai bună posibil.

Această perspectivă a tabloului de bord ia în considerare performanța proceselor de afaceri din cadrul companiei, făcându-le coerente cu așteptările actuale și viitoare ale clienților. Aceasta definește indicatori legați de procesele de inovare, de procedurile de afaceri și de procesul de livrare și distribuție.

ÎNVĂȚARE, CREȘTERE ȘI INOVARE

Această perspectivă este importantă, deoarece are în vedere mediul necesar pentru dezvoltarea adecvată a celorlalte trei perspective. Ea presupune că abilitatea unei companii de a-și atinge obiectivele financiare, legate de clienți și de procese depinde în mod direct de capacitatea sa de a inova, de a aplica noi competențe și de a se dezvolta.

Indicatorii utilizați pentru această perspectivă se referă în principal la trei mari categorii:

- **Personal.** Competențele personalului companiei au un impact direct asupra performanței acesteia. Acestea trebuie să răspundă cât mai mult posibil nevoilor companiei (actuale și viitoare). Indicatorii cel mai frecvent utilizați se referă la satisfacția personalului, la nevoile de formare, la rata de rotație a personalului etc.

- **Sisteme informatice.** Capacitatea unei companii de a utiliza o tehnologie informatică adecvată este crucială. Este important să se analizeze coerența dintre nevoile întreprinderii și performanțele și procesele tehnologice ale acesteia.

- **Coerența organizațională.** Adecvarea procesului de luare a deciziilor la așteptările și nevoile clienților este primordială pentru ca personalul bine pregătit să fie performant. De asemenea, membrii personalului trebuie să fie forța motrice a companiei și să se afle în centrul procesului decizional. Este esențial să se creeze un mediu coerent care să le permită angajaţilor să îşi păstreze libertatea de acţiune şi autonomia de decizie.

Balanced Scorecard asigură planificarea şi implementarea investiţiilor necesare în tehnologie, oameni şi procese. Disponibilitatea unor indicatori care să ofere
informaţii despre acest aspect al unei afaceri este
importantă, deoarece creşterea viitoare a companiei
depinde în mod direct de capacitatea acesteia de a
inova, de a se adapta şi de a genera oportunităţi.

LIMITELE MODELULUI

Deşi Balanced Scorecard a fost introdus ca un instrument de gestionare şi control al unei afaceri eficiente şi eficace, unii experţi ştiinţifici în dinamica sistemelor au rezerve. Henk Akkermans şi Kim van Oorschot (specialişti olandezi) şi Barry Richmond (neuropsiholog american, 1947-2002) pun la îndoială validitatea modelului. Limitele BSC pot fi rezumate în trei puncte:

- **Unele părţi interesate sunt neglijate**. Tabloul de bord nu ia în considerare toate părţile interesate ale companiei. Mult mai mult decât un eşec al modelului, aceasta este adesea o problemă de implementare. Cei care implementează Balanced Scorecard se limitează adesea la aplicarea acestuia ca "soluţie miraculoasă". Deoarece modelul se concentrează în principal pe acţionari şi clienţi, managerii pot neglija părţile interesate ale companiei, cum ar fi furnizorii. Prin urmare, este oportun ca fiecare companie să ia în considerare propriile particularităţi atunci când îşi pregăteşte Balanced Scorecard-ul.

- **Un lanţ de cauzalitate inexistent**. Una dintre ipotezele modelului Balanced Scorecard este că există o legătură de cauzalitate. Unii specialişti, cum ar fi Barry Richmond, critică simplitatea cu care este stabilită relaţia cauză-efect. De asemenea, aceştia susţin că modelul este static şi nu ia în considerare planurile de viitor ale companiei.

- **Un mediu extern neintegrat**. Deși BSC încorporează unele variabile externe, nu este suficient. În practică, indicatorii integrați se referă în cea mai mare parte doar la elementele interne ale întreprinderii, subestimând complet Impactul mediului în care aceasta evoluează.

- **Un mediu extern neintegrat**. Deși BSC încorporează unele variabile externe, nu este suficient. În practică, indicatorii integrați se referă în cea mai mare parte doar la elementele interne ale întreprinderii, subestimând complet Impactul mediului în care aceasta evoluează.

APLICAȚIE

SFATURI

În bestsellerul lor, *The Balanced Scorecard* (1996), Norton și Kaplan propun un plan în patru etape pentru o dezvoltare sistematică. Planul servește ca bază pentru implementarea BSC, dar trebuie să vă amintiți că fiecare afacere este unică și că metoda trebuie adaptată pentru diferite sisteme.

Primul pas – Transformarea strategiei în obiective strategice

Alegeți unitatea operațională (adică departamentul specific al întreprinderii) care va sta la baza elaborării Balanced Scorecard-ului. Pentru a formula o strategie coerentă și autonomă, este recomandabil să se identifice o unitate afectată, analizând întregul lanț de procese, inclusiv inovarea, producția, marketingul, vânzările și serviciile. În general, o unitate de afaceri care are o strategie pentru îndeplinirea obiectivelor sale este un candidat acceptabil pentru un Balanced Scorecard.

Odată ce unitatea operațională a fost selectată, managerii acesteia trebuie să stabilească informațiile esențiale din cadrul departamentului lor care vor reuni obiectivele și măsurile adoptate de și pentru companie. Mai exact, aceștia trebuie să stabilească obiectivele financiare (în special creșterea și rentabilitatea), valorile și perspectivele întreprinderii (mediu și siguranța personalului, inovare și competitivitate) și, în sfârșit, relațiile dintre diferitele părți interesate (clienți, furnizori, angajați etc.).

Etapa a doua – Comunicarea obiectivelor și legăturile dintre indicatori și obiectivele strategice

Cea de-a doua etapă este împărțită în trei faze. Prima constă în prezentarea unui proiect de BSC managerilor unităților operaționale pentru a stimula discuțiile. Acest timp de reflecție și de schimb constructiv între manageri și "arhitect" (persoana care pilotează BSC) duce la o mai bună înțelegere a ceea ce ambele părți consideră important.

După colectarea acestor informații, managerii trebuie să treacă printr-o fază de sinteză pentru a stabili o listă de obiective potențiale ale proiectului. În acest moment, este deja important să se analizeze relația de cauză și efect dintre diferitele obiective de afaceri.

Faza finală constă în crearea unui consens inițial pentru Balanced Scorecard. Fiecare obiectiv este discutat separat de către comitetul executiv pentru a identifica trei sau patru obiective principale (economic/financiar, client, procese interne și învățare/inovare) și pentru a oferi o descriere detaliată a măsurilor posibile pentru fiecare obiectiv. În acest stadiu există o singură întrebare, dacă proiectul și strategia sunt eficiente: care ar putea fi rezultatele potențiale pentru acționari, clienți, procese interne și creșterea companiei? Cu alte cuvinte, cum putem determina cauza şi efectul fiecărei strategii/activităţi în funcţie de diferitele obiective strategice?

Etapa a treia – Planificarea, stabilirea de ţinte şi stabilirea obiectivelor strategice

Managerii distribuie sinteza pregătită în etapa anterioară fiecărui subgrup pentru a reelabora unele formulări de obiective, a compara idei, a identifica sursele de informaţii (şi accesul) necesare pentru implementarea măsurilor propuse şi a prevedea impactul acestora.

"Arhitectul" proiectului alege apoi, împreună cu echipa sa, măsurile BSC care corespund cel mai bine obiectivelor strategice, alocând câte una pentru fiecare strategie. Cu toate acestea, unii indicatori – venituri, vânzări etc. – sunt comuni tuturor BSC-urilor. Această activitate include realizarea:

- o listă detaliată de obiective în funcţie de subgrupuri şi de sectorul de care sunt responsabile;

- o reprezentare a mediilor de cuantificare a fiecărei măsuri;

- un grafic care să arate legătura dintre măsuri şi/sau obiective în funcţie de diferitele sectoare.

Comitetul executiv se reuneşte pentru a doua oară cu toţi membrii conducerii, colaboratorii direcţi şi intermediarii. Scopul acestei sesiuni este de a reanaliza proiectul, direcţiile şi obiectivele strategice ale companiei şi măsurile propuse pentru BSC (de data aceasta cu un numár mai mare de participanţi, mai ales într-o companie mare). În urma acestor discuţii şi analize, se redactează o broşură de informare pentru a comunica noile obiective şi conţinutul Balanced Scorecard-ului tuturor angajaţilor. Principala provocare este încurajarea angajaţilor să stabilească obiective ambiţioase pentru fiecare măsură propusă.

Pasul patru – Încurajarea feedback-ului și adaptarea proceselor

În această etapă, proiectul BSC este gata, aprobat şi înţeles în întreaga companie. Acum, este nevoie de un plan de implementare a măsurilor pentru a atinge obiectivele definite la primele două reuniuni ale comitetului executiv. Legătura dintre măsuri şi bazele de date nu trebuie uitată, astfel încât toate nivelurile companiei să rămână la curent cu procesul şi să se poată gândi la posibile extinderi ale măsurilor iniţiale. Este important să se adapteze indicatorii şi măsurile puse în aplicare pe baza feedback-ului primit pentru ca BSC să fie eficient şi funcţional.

O a treia și ultima reuniune a comitetului executiv aprobă proiectul final, obiectivele şi măsurile acestuia. Aici se aleg şi primele măsuri şi iniţiative necesare pentru atingerea obiectivelor. La finalul reuniunii, comitetul comunică, de asemenea, programul final angajaţilor şi modul în care acesta va fi integrat în sistemul de management al companiei. Această etapă încheie procesul şi face ca BSC să fie eficient. Acesta este integrat în sistemul de management, astfel încât managerii se pot concentra pe priorităţile identificate de BSC.

Concluzie

Această descriere prezintă dezvoltarea pas cu pas a unui Balanced Scorecard. Evident, această metodă variază în funcție de tipul și, în special, de dimensiunea întreprinderii sau a organizației care dorește să implementeze modelul. În mod similar, calendarul de punere în aplicare a măsurilor diferă în funcție de organizație, de cerințele participanților la reuniunile de luare a deciziilor și de eventualele obstacole: perspectiva oamenilor (motivație, competențe și adaptabilitate a personalului, consens între membri etc.), fiabilitatea sau indicatorii și timpul necesar pentru colectarea informațiilor.

În general, Norton și Kaplan recomandă ca elaborarea unui CSB să dureze 16 săptămâni. Această perioadă de timp le permite membrilor echipei de conducere să se gândească - ori de câte ori au ocazia, deoarece nu își dedică tot timpul acestui proiect - la dezvoltarea structurală a proiectului, la strategie și la sistemul informațional, precum și la impactul asupra proceselor de management.

STUDIU DE CAZ - MICROSTART

Context

Acest studiu de caz analizează afacerea microStart, care este o organizație non-profit. În acest exemplu, implementarea Balanced Scorecard la microStart implică adaptarea perspectivei financiare.

Compania

microStart este o organizaţie activă în domeniul microfinanţării din 2010. MicroStart a fost inspirată de succesul extraordinar al Grameen Bank, fondată în 1976 de Muhammed Yunus (economist din Bangladesh, născut în 1940), care a primit Premiul Nobel pentru Pace în 2006. Modelul Grameen Bank a fost adaptat în Europa la sfârşitul anilor 1980 de către Maria Nowak (economist specializat în microcredite, născută în 1935), care a creat în Franţa, în 1989, Asociaţia pentru dreptul la iniţiativă economică (Adie). Astăzi, Adie este lider în Europa de Vest.

În 2010, Adie şi BNP Paribas Fortis, o filială belgiană a grupului BNP şi prima bancă din Belgia, au lucrat împreună pentru a crea microStart SCRL-FS. Programul pilot a fost conceput pentru a oferi un răspuns inovator antreprenorilor din Bruxelles.

microStart, care îşi desfăşoară activitatea în Saint-Gilles şi Schaerbeek (două municipalităţi din regiunea Bruxelles), are 9 angajaţi şi 50 de voluntari. Până în prezent, asociaţia a acordat 350 de împrumuturi (cu o rată de rambursare de 95%).

Viziunea şi misiunea microStart se concentrează asupra membrilor şi beneficiarilor organizaţiei:

- **Viziune:** să le ofere celor care au fost excluşi din sistemul bancar tradiţional acces la credite şi să sprijine crearea şi dezvoltarea ideilor antreprenoriale.

- **Misiune:**

  - să finanțeze microîntreprinzătorii care sunt excluși din sistemul bancar tradițional și care doresc să creeze sau să dezvolte o activitate independentă;

  - să sprijine microîntreprinzătorii înainte, în timpul și după crearea afacerii lor, pentru a asigura durabilitatea;

  - să contribuie la îmbunătățirea mediului instituțional al microcreditelor și al antreprenoriatului.

Tabloul de bord echilibrat al microStart

Pentru microStart, Balanced Scorecard este un instrument important de programare și gestionare. Folosit zilnic, acesta servește drept referință atunci când se iau decizii importante. De asemenea, organizația microStart, care își elaborează strategia pe termen lung, se concentrează în principal pe perspectivele de inovare și pe cele legate de oameni pentru a-și determina Balanced Scorecard-ul. Pentru a oferi managerilor o imagine de ansamblu a activității, microStart își prezintă misiunile și valorile prin intermediul mai multor indicatori, inclusiv perspectiva clienților, procesele interne și învățarea. În mod firesc, ca în cazul tuturor organizațiilor, microStart trebuie să își evalueze în mod constant performanța.

Analiza generală și examinarea încrucișată a celor patru perspective ne oferă o evaluare completă a afacerii. Fiecare perspectivă are mai multe obiective strategice care se reflectă în activități. Aceste activități sunt apoi măsurate prin indicatorii care au fost selectați în timpul diferitelor reuniuni ale comitetului executiv.

- **Perspectiva financiară**. microStart asigură o gestionare eficientă a costurilor prin punerea la dispoziție a resurselor financiare necesare pentru împrumuturile de sprijinire a noilor întreprinderi.

  - Obiectiv: punerea la dispoziție a resurselor financiare pentru credite

  - Manager: microStart SCRL-FS

  - Indicatori utilizați și implementați: ratele de rambursare și portofoliul de clienți

- **Perspectiva clientului.** microStart dorește să crească numărul de clienți, să satisfacă nevoile actuale ale clienților (facilitate de creditare, condiții de rambursare, confort și respectarea condiţiilor, coaching și instruire) și să îmbunătățească situaţia economică, financiară și socială.

  - Obiective: creșterea numărului de clienți, satisfacerea așteptărilor acestora, oferirea de traininguri

  - Manager: microStart SCRL-FS

  - Indicatori utilizați și implementați: numărul actual de clienți, loialitatea clienților, numărul de reclamații, numărul de clienți noi obținuți prin intermediul comunicării orale, numărul de clienți instruiți etc.

- **Perspectiva proceselor interne.** Cele mai importante aspecte pentru organizație sunt, în acest caz, controlul guvernanței, responsabilitatea socială și tranziția omogenă între microStart SCRL-FS și microStart ca organizație non-profit.

  - <u>Obiective</u>: guvernanță și responsabilitate socială

  - <u>Manager</u>: microStart SCRL-FS

  - <u>Indicatori utilizați și implementați</u>: numărul de membri instruiți în cadrul Adunării Generale

- **Perspectiva de învățare și inovare.** microStart se străduiește să își instruiască angajații pentru a le spori motivația și pentru a dezvolta o cultură corporativă care să corespundă obiectivului strategic al organizației non-profit.

  - <u>Obiective</u>: motivare, diversitatea personalului, instruiri

  - <u>Manager</u>: microStart SCRL-FS și organizația non-profit.

  - <u>Indicatori utilizați și implementați</u>: fluctuația personalului, analiza satisfacției angajaților, numărul de ore lucrate de personalul voluntar.

REZUMAT

- Balanced Scorecard este un instrument de strategie și management creat în 1992 de David P. Norton și Robert S. Kaplan.

- BSC este o nouă metodă de evaluare a performanței și de îmbunătățire a managementului afacerilor.

- Această abordare inovatoare le oferă managerilor o viziune cuprinzătoare asupra afacerii, deoarece se concentrează pe rezultatele financiare, pe clienți, pe procesele interne și pe conceptul de învățare în cadrul companiei. Examinarea încrucișată a celor patru perspective înseamnă că părțile interesate sunt la curent cu toate specificațiile companiei și niciun aspect nu este ignorat.

- Toate perspectivele sunt legate de o relație cauză-efect, iar rezultatele finale sunt calculate pe baza unor indicatori personalizați care reflectă faptele în cifre.

- Balanced Scorecard este utilizat ca sistem de management strategic pe termen lung.

- Unii economiști evidențiază limitările modelului: unele părți interesate ar fi neglijate, relația cauză-efect este inexistentă, iar mediul extern nu este integrat.

BIBLIOGRAFIE

Akkermans, H. şi van Oorschot, K. (2005) Relevance Assumed: A Case Study of Balanced Scorecard Development Using System Dynamics. *Journal of the Operational Research Socicty.* 56(8). pp. 931-941.

De Visscher, A., Robberechts, M. şi Shyirambere, J. (2013) The Key Performance Indicators for microStart Social Performance and Impact Analysis. *microStart.*

Guillot, L. (fără dată) *The Balanced Scorecard.* [Online]. [Accesat la 16 iunie 2014]. Disponibil la: <http://lionel-guillot.typepad.com/scmblog/files/rapport_bsc.pdf>

Kaplan, R. S. şi Norton, D. P. (1996) *The Balanced Scorecard: Transpunerea strategiei în acţiune.* Boston: Harvard Business School.

Kaplan, R. S. şi Norton, D. P. (1998) *Le Tableau de bord prospectif. Pilotaj strategic: cele 4 axe ale succesului.* Paris: éditions d'Organisation.

Olve, N-G., Petri, C-J., Roy, J. şi Roy, S. (2003) *Making Scorecards Actionable: Echilibrul între strategie şi control.* Chinchester: Wiley.

Richmond, B. (1994) System Dynamics/ Systems Thinking. Let's Just Get On With It. *System Dynamics Review.* 10(2-3).

Tonchia, S. şi Quagini, L. (2010) *Performance Measurement. Legătura dintre Balanced Scorecard şi Business Intelligence.* Berlin: Springer.

Vrem să auzim de la tine!
Lasă un comentariu despre biblioteca ta online
şi împărtăşeşte cărţile tale preferate pe reţelele de socializare!

Master ISBN: 9782808600866
Hârtie ISBN: 9782808602310
Depozit legal: D/2022/12603/232

Design digital: Primento,
partenerul digital al editurilor.